Belongs to

....

....

....

....

Hello Little One

Hello Little One

Hello Little One

Hello Little One

Hello Little One

Hello Little One

Hello Little One

Hello Little One

Hello Little One

Hello Little One

Hello Little One

Hello Little One

Hello Little One

Hello Little One

Hello Little One

Hello Little One

Hello Little One

Hello Little One

Hello Little One

Hello Little One

Hello Little One

Hello Little One

Hello Little One

Hello Little One

Hello Little One

Hello Little One

Hello Little One

....
....
....
....
....
....
....
....
....
....
....
....
....
....
....
....
....
....
....
....
....
....
....
....
....
....
....
....
....

Hello Little One

....

....

....

....

....

....

....

....

....

....

....

....

....

....

....

....

....

....

....

....

....

....

....

....

....

....

....

Hello Little One

Hello Little One

Hello Little One

Hello Little One

Hello Little One

Hello Little One

Hello Little One

Hello Little One

Hello Little One

Hello Little One

Hello Little One

Hello Little One

....

....

....

....

....

....

....

....

....

....

....

....

....

....

....

....

....

....

....

....

....

....

....

....

....

Hello Little One

Hello Little One

Hello Little One

Hello Little One

Hello Little One

Hello Little One

Hello Little One

Hello Little One

Hello Little One

Hello Little One

Hello Little One

Hello Little One

Hello Little One

Hello Little One

Hello Little One

Hello Little One

Hello Little One

Hello Little One

Hello Little One

Hello Little One

Hello Little One

Hello Little One

Hello Little One

Hello Little One

Hello Little One

Hello Little One

Hello Little One

Hello Little One

Hello Little One

Hello Little One

Hello Little One

Hello Little One

Hello Little One

Hello Little One

Hello Little One

Hello Little One

Hello Little One

Hello Little One

Hello Little One

Hello Little One

Hello Little One

Hello Little One

Hello Little One

Hello Little One

Hello Little One

Hello Little One

Hello Little One

Hello Little One

Hello Little One

Hello Little One

Hello Little One

Hello Little One

Hello Little One

Hello Little One

Hello Little One

Hello Little One

Hello Little One

Hello Little One

Hello Little One

Hello Little One

Hello Little One

Hello Little One

Hello Little One

Hello Little One

Hello Little One

Hello Little One

Hello Little One

Hello Little One

....

....

....

....

....

....

....

....

....

....

....

....

....

....

....

....

....

....

....

....

....

....

....

....

....

....

....

....

Hello Little One

Hello Little One

Hello Little One

Hello Little One

Hello Little One

....
....
....
....
....
....
....
....
....
....
....
....
....
....
....
....
....
....
....
....
....
....
....
....
....
....

Hello Little One

Hello Little One

Hello Little One

Hello Little One

Hello Little One

Hello Little One

Hello Little One

Hello Little One

Hello Little One

Hello Little One

Hello Little One

Hello Little One

Hello Little One

Made in United States
North Haven, CT
03 July 2023